Jör

Jörg Zink

Neue
Zehn Gebote

Kreuz Verlag

Inhalt

1. Was tun mit den Zehn Geboten? 7

2. Eine Szene irgendwo in alter Zeit 13

3. Eine jahrhundertelange Geschichte 19

4. Was haben die Zehn Gebote damals den Menschen gesagt? 27

5. Was meinen also die Zehn Gebote? 43

6. Jesus, siebenhundert Jahre später 51

7. Die zehn Angebote, die wir von Jesus bekommen 57

Was tun mit den Zehn Geboten?

Wenn ich einen beliebigen Bürger unseres Landes frage, wo denn geschrieben stehe, was ein Christ zu tun und zu lassen habe, wird er, wie selbstverständlich, sagen: »In den Zehn Geboten«. So haben wir es gelernt. So lehren wir es unsere Kinder. Wir schicken sie in einen Katechismusunterricht, weil sie dort lernen sollen, das nicht zu tun, was die meisten Erwachsenen tun: nämlich ehebrechen, lügen und andere um ihr Hab und Gut bringen.

Wenn ich einen beliebigen Bürger frage, wo denn geschrieben stehe, was ein anständiger Mensch zu tun und zu lassen habe, wird er mir nach aller Wahrscheinlichkeit wieder die Zehn Gebote nennen. Ist also kein Unterschied zwischen einem anständigen Menschen und einem Christen? Ich meine, an diesem Punkt seien wir wohl in den letzten siebzig Jahren aufmerksamer geworden, empfindlicher auch. Wir sagen heute: Das kann es doch nicht sein, wodurch ein Christ sich von einem anständigen Menschen unterscheidet, nämlich das, was ihnen beiden gemeinsam ist!

Aber weiter: Die Zehn Gebote sagen ja keineswegs alles, was das Alte Testament über das Handeln des Menschen sagt. Einige sehr wichtige Dinge fehlen ganz. Sie sagen auch keineswegs, was Jesus uns über die Zehn Gebote hinaus sagt. Wie ein Christ lebt, was er tut, was er nicht tut, das wird er wohl an Jesus Christus messen, an seinem Wort, an seiner Gestalt, an seinem Weg. Es nützt nicht viel, wenn man, was Jesus gesagt und getan hat, nachträglich in die Zehn Gebote einträgt.

Was Jesus über die Nachfolge sagt, kommt nicht vor; auch nicht, was uns Paulus oder Johannes über Jesus und seine Maßstäbe sagen. Was Jesus über Liebe und Barmherzigkeit sagt, kommt nicht vor. Was er über unsere Gesinnung, über unser Verhalten gegenüber Menschen, die uns böse gesinnt sind, was er über das Geld und das Eigentum oder über den Eid sagt, kommt nicht vor.

Soll man also die Zehn Gebote aus dem Katechismusunterricht herausnehmen, damit unsere Kinder lernen, sich und ihr Tun an Jesus zu messen? Oder soll man zeigen, wie die Zehn Gebote sich bei Jesus verändert haben, und also neue, jesusgemäße Zehn Gebote schreiben? Soll man sie ergänzen?

Was sind denn überhaupt »Gebote«? Sind es Gesetze? Ziehen sie eine Strafe nach sich für den, der ihnen entgegenhandelt? Sind es Lebensordnungen, die sich in aller Stille durchsetzen dem gegenüber, der sie mißachtet? Sind es Lebensregeln, die kluge Menschen aufgestellt haben? Im Alten Testament sind es die Spielregeln, die in einem »Bund« gelten. Gott hat mit seinem Volk einen »Bund« geschlossen, – wer aber diesem Bund angehören will, hält auch die Spielregeln ein, die der Bund verlangt.

Und worin besteht der »neue Bund«, den Jesus gestiftet hat? Was ist daran »neu«? Seine Weisungen sind, wie etwa die Seligpreisungen, Deutungen unserer Schicksale, keine Gebote. Sie sind, wie etwa die Weisung, wir sollten nicht sorgen, im Grunde weder Gebote noch Verbote, sondern Angebote für den, der danach leben will. Angebote Gottes, um der Menschen und ihrer Freiheit willen gegeben mit dem Ziel, daß ihnen ihr Leben gelingt.

Auf jeden Fall sollten wir heute in der Lage sein zu fragen, was wir nach dem Willen Gottes, wie wir ihm in Jesus Christus begegnen, zu tun hätten. Das ist ein riskantes Unternehmen. Jedenfalls ein ungewohntes. Aber eins, das dringend nötig ist. Versuchen wir es.

Eine Szene
irgendwo in alter Zeit

Eine kleine Szene stelle ich mir vor. Sie spielt vor zweitausendsiebenhundert Jahren, irgendwo in einem der verstreuten Dörfer zwischen Hebron und Jerusalem oder anderswo. Sechs oder acht Jungen im Alter von etwa zwölf Jahren sitzen auf der Erde im Schatten eines Baums neben einer Lehmhütte. Vor ihnen sitzt, ebenfalls auf der Erde, ein Mann, vielleicht vierzigjährig, und spricht ihnen ein paar Worte vor.

»Und Mose stieg hinauf zu Gott.
Und Gott rief ihm vom Berg aus zu:
Sage den Leuten von Israel:
Ihr habt gesehen,
was ich mit den Ägyptern getan habe,
wie ich euch getragen habe
auf Flügeln wie denen eines Adlers
und euch beschützt habe.
Wenn ihr nun meiner Stimme gehorchen wollt
und den Bund mit mir halten,
sollt ihr mein Eigentum sein,
mehr als alle Menschen sonst.
Ihr sollt alle den Rang von Priestern haben
und miteinander ein heiliges Volk sein.
Das sollst du den Israeliten sagen!«

Und die Kinder, die vor ihm saßen, sagten es ihm nach. Der Mann fuhr fort:
»Und Mose kam
und rief die Ältesten des Volks zusammen
und sagte ihnen alle diese Worte.
Und sie alle sprachen einmütig:
Ja, alles, was Gott gesagt hat,
wollen wir tun.
Und Mose ging wieder auf den Berg
und sagte Gott,
was die Leute geantwortet hatten.«

Einer der Jungen wollte mehr wissen:
»Was hat Gott denn gesagt?«
Und der Mann sprach weiter:

»Das hat Gott gesagt:
Ich bin dein Gott.
Ich habe dich aus dem Land Ägypten,
aus dem Sklavenhaus,
herausgeführt in die Freiheit.
Du sollst keine anderen Götter haben
neben mir.
Du sollst dir kein Bild machen von Gott.
Du sollst den Namen deines Gottes nicht mißbrauchen.

Denke an den Sabbattag
und halte ihn heilig.
Du sollst deinen Vater und deine Mutter
ehren, so wirst du lang leben in dem Land,
in das Gott dich führen wird.
Du sollst nicht töten.
Du sollst die Ehe nicht brechen.
Du sollst nicht stehlen.
Du sollst nicht falsch aussagen
zum Nachteil deines Nächsten.
Du sollst nicht begehren
deines Nächsten Haus.
Du sollst nicht begehren
deines Nächsten Weib
noch seinen Knecht noch seine Magd
noch sein Rind noch seinen Esel
noch irgend etwas, das dein Nächster hat.«

Und die Jungen sprachen es nach, mehrmals, bis sie es auswendig konnten. Einer von ihnen aber fragte weiter:
»Woher weißt du das?«
Und der Mann antwortete:
»Mein Vater hat es mir erzählt. Wir saßen als Jungen in deinem Alter hier an der gleichen Stelle, und mein Vater saß, wo ich jetzt sitze.«

»Und wer hat es deinem Vater gesagt?«

»Sein Vater, und dem wieder einer der älteren Männer aus dem Dorf. Seit fünfzehn oder zwanzig Generationen hat man sich das in unserem Dorf immer weiter erzählt. Seit vielleicht fünfhundert Jahren. Damals kam unser Volk in dieses Land.«

»Und wo war es vorher?«

»Wenn du nach Hebron gehst und dann nach Beerschewa und dann immer weiter der Mittagssonne entgegen, dann kommst du in die Wüste Sinai. Und mitten in dieser Wüste steht der Berg, von dem ich vorhin erzählt habe.
Damals lebte ein Mann namens Mose. Der führte uns vierzig Jahre lang durch die Wüste, immer von einem Wasserplatz zum nächsten. Wir lebten damals als Schafnomaden. Und dieser Mose war ein großer Prophet, einer, der mit Gott sprechen konnte. Er hat uns damals in die Freiheit geführt, aus der Sklaverei in Ägypten, und hat am Ende erreicht, daß wir dieses schöne Land besetzen konnten, in dem wir heute leben. Ihm hat Gott damals, als er auf dem Berg mit ihm sprach, die Zehn Gebote gegeben,

die unserem Volk als Richtlinie gelten sollten.

Gott hat uns beschützt und hat uns unsere Wege gezeigt, und dafür, so sagte Mose damals, sollten wir ihm danken damit, daß wir nach seinem Willen leben. Wenn Gott uns damals nicht geschützt hätte, hätten uns die Ägypter totgeschlagen, oder wir wären in der Wüste verhungert oder verdurstet. Aber Gott hat uns immer wieder gerettet und uns unsere Freiheit erhalten. Und nun, ich sage nur nach, was Mose gesagt hat: Nun lebt so, wie Gott es will. Ich sage euch die zehn Worte noch einmal vor.«

Und dreißig Jahre später saß einer von den Jungen als Lehrer vor sechs oder acht Zwölfjährigen und erzählte ihnen dieselbe Geschichte. Und die Jungen lernten auswendig, was er ihnen vorsprach.

Eine jahrhundertelange Geschichte

Ob sich die Szene so abgespielt hat oder so ähnlich oder vielleicht auch anders, vermag ich nicht zu sagen. Aber alle alten Religionen, die Israels ebenso wie jede andere, lebten vom Weitersagen, von der mündlichen Überlieferung. Schriften gab es kaum. Man erzählte. Man ließ sich erzählen. Und im Erzählen von Generation zu Generation über die Jahrhunderte und die Jahrtausende hin bildeten sich nicht nur Sagen und Epen, sondern ganze Kulturen, ganze Religionen.

Wie die Religion Israels im 7. oder 8. Jahrhundert vor Christus aussah, wissen wir ungefähr. Damals fing man an, aufzuschreiben, was bis dahin mündlich weitergegeben worden war. Die Geschichten von Saul und David oder von Abraham und Sara oder von Mose und seinen Wanderungen auf dem Sinai. Damals schrieb zum ersten Mal einer auch die Zehn Gebote auf, um sie festzuhalten. Und das war nötig. Denn im Lauf von Jahrhunderten ändert sich eben doch manches am überlieferten Wortlaut. Was anfangs verständlich war, wird in manchem unklarer. Was anfangs schlicht und einfach klang, reichert sich an mit Zwischenbemerkungen und Begründungen und Hinweisen auf das, was alles so mitzubedenken sei. Wir nehmen also an, daß der Wortlaut der Zehn Gebote im Jahr 1000 vor Christus , zur Zeit des David, nicht genau war wie im Jahr 700 und im Jahr 1200 vor Christus, zur Zeit des Mose, nicht ganz so wie im Jahr 1000 vor Christus. Wie sie ursprünglich lauteten, wissen wir nicht. Vielleicht waren sie kürzer, vielleicht noch härter in ihren Hauptsätzen. Gewiß ist, daß fünfhundert Jahre vor jener Szene in dem Dorf zwischen Hebron und Jerusalem so etwas geschehen ist wie ein plötzlicher Einschlag in das Bewußtsein der Menschen, in das Bewußtsein des Mose.

Eine Offenbarung Gottes ist immer etwas wie der Einschlag eines Meteoriten irgendwo auf der Erdoberfläche. Danach bleibt dann ein Einschlagtrichter übrig, vor dem die Menschen wie benommen stehen und sagen: Das war von Gott! Das hat Gott gesagt! Damals in der Wüste! Und dann wird der Trichter immer flacher – durch die Erde, die von den Rändern hineinrutscht, oder durch die Menschen, die etwas hineinwerfen, weil ihnen der Trichter zu tief und zu unheimlich ist.

Und dann kommen immer wieder große einzelne und versuchen, vor den Augen der Menschen dem Trichter wieder seine ursprüngliche Tiefe zu geben.

Das Drama, wie die ursprüngliche Offenbarung Gottes immer wieder eingeebnet wurde, wie sie verflachte und wie immer wieder einzelne versuchten, sie in ihrer ursprünglichen Tiefe auszugraben, und wie die Menschen vor dem neuen Trichter erschreckt standen und sich bemühten, die unheimliche Tiefe wieder mit allen möglichen harmloseren Gedanken auszufüllen, dieses Drama läßt sich durch die ganze Bibel hin verfolgen.

Aber solche Überlieferungen ändern sich nicht nur dadurch, daß man, was geschehen ist, immer wieder seinen Wünschen anpaßt und so immer wieder irgend etwas falsch versteht, sondern auch dadurch, daß man sie ergänzt und erweitert, weil die Lebensverhältnisse sich geändert haben. Als zum Beispiel das Wüstenvolk ins Kulturland eindrang, fing es an, nicht mehr in Zelten, sondern in Häusern zu leben. Man fügte also in die alte Formel ein, man soll nicht begehren seines

Nächsten Haus. Man fing an, Äcker zu bewirtschaften, Grundstücke zu kaufen und zu verkaufen, Dörfer zu gründen, Kultstätten einzurichten. Das war aber eine ganz andere Lebensweise als zuvor. Was den Vätern in der Wüste gegolten hatte, das wurde nun der neuen Lebensweise angeglichen. Vieles war neu und noch nicht geordnet und mußte erst in die alten Lebensordnungen eingepaßt werden.

Und als die Halbnomaden im 11. Jahrhundert vor Christus, zur Zeit des Samuel, einen Staat gründeten und dazu einen König brauchten mit einer Regierung, mit einem Heer und einem festen Rechtswesen, da änderte sich noch einmal alles. Die Zehn Gebote mußten wieder umgedacht werden. Der Wohlstand stieg. Man beschäftigte Knechte und Mägde. Man mußte also sagen: Du sollst den Knecht oder die Magd deines Nächsten nicht rauben. Man mußte sagen: Du sollst am Sabbat keine Arbeit auf dem Acker tun. Man brauchte soziale Regelungen, die zum Beispiel Knechte und Mägde vor Ausbeutung schützten, und sagte zwar nicht im Wortlaut, wohl aber im Geist der alten Zehn Gebote: Am Sabbat soll auch dein Knecht und deine Magd freihaben. In der Wüste waren sie ein Volk von umherziehenden Menschen gewesen und darauf angewiesen, daß irgendein seßhafter Stamm ihnen erlaubte, aus seinem Brunnen zu trinken. Nachdem sie selbst seßhaft waren, mußten sie plötzlich sagen können, wie man mit Fremdlingen umzugehen hätte, die eines Tages in der Not an die Türen der Seßhaften klopften und ihre Hilfe brauchten.

Die Zehn Gebote, die wir heute lesen, können aus allen diesen und vielen anderen Gründen nicht aus der Zeit stammen, als Israel in der Wüste wanderte. Ihr heutiger Wortlaut, der schließlich schriftlich festgehalten wurde, stammt vielmehr aus der späteren Zeit der Seßhaftigkeit, und zwar vermutlich aus dem 8. oder 7. Jahrhundert vor Christus, und wir können nur ahnen, wie sie ursprünglich gelautet haben mögen.

Inzwischen, das heißt bis heute, haben sich die Lebensverhältnisse noch mehrmals grundlegend geändert. Die Frage bleibt: Was ist dann von solchen alten Texten gültig, unabhängig von den Lebensverhältnissen? Was kann, was muß geändert werden, wenn die Lebensverhältnisse sich ändern? Ist inzwischen etwas geschehen, das uns eine neue Sicht auf das eröffnet hat, was Gott von uns will?

Für uns Christen ist darüber hinaus entscheidend, daß inzwischen Jesus gelebt hat. Was hat denn Jesus über die Zehn Gebote gesagt? Was hat er bewahrt? Was hat er neu dazugesetzt? Er sagte zum Beispiel:
»Ihr habt gelernt, was für eure Vorfahren gegolten hat. Du sollst nicht töten. Du sollst nicht falsch schwören. Aber heute, da ich vor euch stehe, gilt das auf eine ganz neue Weise. Und die will ich euch erklären« (so vor allem in der Bergpredigt).

Aber nach Jesus spielte sich Ähnliches ab wie nach Mose. Von dem unerhörten Einschlag, den die Offenbarung Gottes in Jesus Christus bedeutete, blieb im Verlauf der Kirchengeschichte nie mehr übrig, als sich unter den jeweils gegebenen Umständen, das heißt auch unter dem jeweiligen Staat und den jeweiligen Lebensordnungen, ohne große Mühe realisieren ließ.

Und jede Epoche warf wieder alles mögliche in den Trichter oder schüttete ihn wohl fast ganz zu. Und immer wieder mußten mutige Leute ihn teilweise oder ganz wieder ausgraben, in der Regel zum Mißfallen von Kirche und Obrigkeit. So Franz von Assisi oder, auf ganz andere Weise, die Reformatoren des 16. Jahrhunderts. So blieb von dem Einschlagtrichter des Mose im Jahr 1200 vor Christus im 8. Jahrhundert eben das übrig, was wir heute lesen. Von dem ursprünglichen Meteoriten war nur mehr wenig zu sehen. Eine Mulde von Anweisungen, die in die Lebensformen jener Zeit, fünfhundert Jahre nach Mose, passen wollten. Aber wir tun gut, deshalb nicht die Zehn Gebote wegzuwerfen, sondern den Zusammenhang zu sehen zwischen der Offenbarung an Mose und der durch Jesus. Denn selbst die flache Mulde der späten Zeit läßt noch etwas ahnen von der ursprünglichen Tiefe dessen, was Mose erfahren hatte. Was freilich auch bedeutet, daß nicht die Zehn Gebote des 8. Jahrhunderts allein, sondern sie im Zusammenhang mit dem, was Jesus an ihnen verändert, erweitert oder vertieft hat, die Gebote darstellen, die heute für uns gelten. Aber davon später.

Was haben die Zehn Gebote damals den Menschen gesagt?

Bleiben wir noch einmal in der Zeit, in der die kleine Szene spielte mit den Jungen und dem Mann, der ihnen die Zehn Gebote vortrug. Damals also wurden sie aufgeschrieben, wahrscheinlich in Jerusalem, vielleicht am Tempel, vielleicht in den Schreibstuben im Königspalast. Und in diesem Wortlaut liegen sie uns heute vor. Was bedeuteten sie damals? Wie müssen wir sie verstehen? Was haben sie den Menschen von damals gesagt? Und eignen sie sich tatsächlich noch dafür, daß wir sie in ihrem ursprünglichen Sinn unseren Kindern weitersagen?

Zugleich sollten wir darauf achten, daß die Zehn Gebote keineswegs die ganze Ethik des Alten Bundes enthalten. Sie sind vielmehr ein schmaler Ausschnitt aus der Tora, dem Bundesgesetz zwischen Gott und seinem Volk, wie es durch das ganze Alte Testament hin immer neu entfaltet wird.

Wenn wir also jetzt von einem Gebot zum nächsten gehen, bedenken wir, daß wir nicht mehr im 7. Jahrhundert vor Christus leben, daß unsere Vorstellungen vom gemeinsamen Leben der Menschen sich geändert haben, aber wir bedenken immer auch mit, daß ein großer Zusammenhang besteht zwischen den Anfängen des Glaubens vor Jahrtausenden und unserem stolzen und ratlosen Jahrhundert. Und daß es unerhört wichtig ist, daß es etwas gibt, was sich über die Jahrtausende hin bewährt und gefestigt hat, in immer wieder anderer Gestalt.

Da lautet also das erste Gebot:

»Ich bin dein Gott. Du sollst andere Götter neben mir nicht verehren.«

Das Wort stammt also aus einer Zeit, in der die israelitische Religion noch nicht monotheistisch war, in der die Menschen noch glaubten, es gebe viele Götter. Und tatsächlich gab es rings um Israel und auch in Israel selbst unzählige Religionen, weil es in dem Land, in dem die Israeliten lebten, viele andere Völker gab, jedes mit seinen eigenen Kulten. Es gab Götter und Göttinnen mit ihren Heiligtümern und Gottesdiensten. Und alle diese Götter wurden als wirkliche Götter angesehen, aber es war den Israeliten nicht erlaubt, sie anzubeten oder an ihren Gottesdiensten teilzunehmen. Erst im 6. und 5. Jahrhundert vor Christus begann Israel zu begreifen, daß es in Wahrheit nur einen Gott gibt. In der Mosezeit war Gott der »Bundesgott«, der sein Volk aus Ägypten geführt hat. Der besondere Gott des Bundes war der, der die Zehn Gebote sprach. Von diesem Bund und von den Bedingungen, unter denen er gelten sollte, reden die Zehn Gebote.

Das zweite Gebot:

»Du sollst dir von Gott kein Bildnis machen.«

Ein »Bild«, das war damals in der Regel eine kleine Götterstatue, die man in seinem Haus aufstellte, in irgendeiner Nische in der Wand. Man hat erst in den letzten Jahren im Negeb kleine Stierbilder ausgegraben, die ohne Zweifel den Gott Israels darstellen sollten. »Solche Bilder sollst du nicht machen und nicht aufstellen.« Vielleicht lag darin ein Versuch, sich vom Kult des syrischen Baal abzugrenzen, der ebenfalls als Stier dargestellt wurde, um dadurch Vermischungen und Verwechslungen der beiden Kulte zu vermeiden. Wenn wir daran denken, daß die Israeliten schon in der Wüste ein Stierbild aufstellten – die Erzählung spricht abschätzig von einem goldenen Kalb – und dadurch plötzlich in Gefahr waren, den Gott Israels mit dem Baal zu vertauschen, wird uns das Gebot verständlich.

Das dritte nach jüdischer Zählung, das zweite nach der Zählung Luthers, der das Bilderverbot nicht übernommen hat:

»Du sollst den Namen Gottes nicht mißbrauchen.«

Der Name des Gottes, den Mose verkündigt hatte, lautete »Jahwe«. Um ihn nicht zu mißbrauchen, bürgerte sich in Israel die Sitte ein, statt diesen Namen zu nennen, »unser Herr« zu sagen. Darüber hinaus aber meint das Gebot das Zaubern mit Hilfe des Namens »Jahwe«, die Verfluchung eines Menschen mit seiner Hilfe, falsche Prophetie, die sich auf den Namen Jahwe beruft, falsche Eide, die »bei Gott« geschehen. Wörtlich heißt es: »Du sollst den Namen Gottes nicht ›zum Schaden‹ gebrauchen, zu einem Betrug, zu einer Bosheit, zu einer Falschheit und dazu, irgendeinem Menschen Schaden zuzufügen.«

Das dritte Gebot:

»Denke an den Sabbattag und halte ihn heilig.«

Etwas von dem, was Israel von anderen Völkern sichtbar unterschied, war der Sabbat, der 7. Tag der Woche. In der Erklärung zu diesem Gebot heißt es: »Sechs Tage sollst du arbeiten und all dein Werk verrichten. Doch der siebte Tag ist ›Sabbat‹ für deinen Gott. Da sollst du keinerlei Werk verrichten, weder du noch dein Sohn noch deine Tochter, weder dein Sklave noch deine Sklavin noch dein Vieh noch auch der Fremdling, der sich in deiner Stadt aufhält. Denn sechs Tage lang hat Gott den Himmel und die Erde gemacht, das

Meer und alles, was in ihnen ist, und er ruhte am siebten Tag. Deshalb hat Gott den Sabbattag gesegnet und ihn geheiligt.« Diesen Sabbat zu halten, das müssen wir uns nebenbei klarmachen, hatte erst im Kulturland Sinn, nicht in der Wüste, wo es ja keine Äcker gab.

Das vierte Gebot:

»Ehre deinen Vater und deine Mutter.«

Das ist nicht eine Anweisung an Kinder, sie sollten ihren Eltern gehorsam sein, sondern an Erwachsene, sie sollten ihre alten Eltern nicht verkommen lassen. Denn das Kernstück dieses Gebots ist die Altersversorgung. Alle diese Gebote gelten in erster Linie für die Männer, so auch dieses. Denn die Töchter verließen bei ihrer Heirat in aller Regel das Haus. Aus demselben Grund waren die Söhne von den Eltern so viel höher geschätzt als die Töchter. Von den Töchtern hatte man im Alter keine Hilfe zu erwarten. Die Söhne blieben im Haus, und auf sie war man im Alter angewiesen. Das Gebot meint die angemessene Versorgung der alten Eltern mit Wohnung, Kleidung und Nahrung, es meint am Ende die Trauerzeit, die einzuhalten war, und die würdige Bestattung. Das Gebot war darum nötig, weil es in Israel, anders als in den umgebenden Völkern, keine Ahnenverehrung gab. Dort gab der religiöse Respekt vor den Vätern und den Müttern den Alten eine gewisse Sicherheit. In Israel, wo solche Ahnenkulte fehlten, mußte ein einklagbares und im Glauben verankertes »heiliges Recht« der Alten auf Respekt und Versorgung an deren Stelle treten.

Das fünfte Gebot:

»Du sollst nicht morden.«

Gemeint ist das absichtliche oder fahrlässige Totschlagen eines freien Mannes durch einen freien Mann. Abtreibung ist ursprünglich nicht gemeint, auch nicht Euthanasie, auch nicht die Hinrichtung eines Verbrechers, auch nicht die Tötung von Gefangenen, von Frauen und Sklaven. Ein freier Mann konnte jederzeit sein Eigentum – und Frauen oder Sklaven oder Kriegsgefangene gehörten ihm – aus der Welt schaffen. Er schadete damit ja höchstens sich selbst. Bei freien Männern aber wird dieses Wort »töten« auch dann gebraucht, wenn sie den Totschlag oder den Mord durch einen anderen geschehen ließen oder anordneten. Dieses Wort gebrauchte zum Beispiel Elia beim Justizmord an Naboth, obwohl Ahab an der Verurteilung und Tötung des Naboth nur sehr indirekt beteiligt war. »Du hast ihn gemordet!« Bei Unfreien lohnte es sich offenbar nicht, von Mord zu sprechen. Erst in späteren Worten des Alten Testaments wird dieses Gebot auch auf das Töten von Unfreien ausgeweitet.

Das sechste Gebot:

»Du sollst nicht ehebrechen.«

Das ist nur scheinbar ein eindeutiges Gebot. Denn die Ehe war damals und in jenem Land etwas anderes als bei uns. Die Frau war, wenn sie verheiratet war, Eigentum eines Mannes wie das Haus oder das Vieh. Wer eine verheiratete Frau verführte, beging also ein Eigentumsdelikt. Wenn ein verheirateter Mann es mit einer unverheirateten Frau trieb, beging er keinen Ehebruch, denn er tastete kein fremdes Eigentum an. Ehebruch beging er erst, wenn er mit einer verheirateten Frau zugange war, denn dann verging er sich am Eigentum eines Mannes. Wenn eine Frau ihre Ehe brach, war sie des Todes. Wenn ein Mann seine eigene Ehe brach, spielte das kaum eine Rolle, es sei denn, der Ehemann der beteiligten Frau nahm Rache. Dazu war er berechtigt bis zum Totschlag, denn so heilig war das Eigentum. Die Frau konnte ihre eigene und eine fremde Ehe brechen, der Mann nur die fremde.

Wir stellen uns heute unter einer Ehe etwas anderes vor. Und wir kennen auch Lebensgemeinschaften anderer Art, die nicht von einem Standesbeamten legitimiert sind. Und wir kennen allein lebende Männer und Frauen, und auch deren Beziehungen sollten schön sein und gelingen. Wir müssen also das sechste Gebot weiterentwickeln, so daß es uns heute Wege zeigt, die wir gehen können.

Das siebte Gebot stellen wir einen Augenblick zurück, es gehört zum neunten und zehnten.

Das achte Gebot:

»Du sollst gegen deinen Nächsten nicht als Lügenzeuge aussagen.«

Hier geht es nicht um die normale tägliche Lüge. Nicht einmal um die private Verleumdung. Vielmehr ist der Hintergrund das Prozeßverfahren. Einer der freien Männer ruft die Männer des Dorfs im Tor zusammen, weil dort als einzigem offenen Platz Schutz vor Sonne und Regen bestand. Dann tritt der auf, der die Versammlung einberufen hat, und klagt an: Der und der hat das und das getan. Das ist der Zeuge. Er ist zugleich der Ankläger. Er muß nun, was er vorbringt, durch einen Eid sichern. Das damalige Rechtswesen mit seiner sicher sehr geringen Aufklärungsquote bei einem Totschlag irgendwo in der Steppe war auf solche Eide angewiesen. Das konnte aber auch für Unschuldige lebensgefährlich werden. Darum wurde später die eidliche Aussage zweier Zeugen oder Ankläger gefordert. Es ging also um die falsche Aussage vor Gericht, durch die ein Mensch in Gefahr, vielleicht in Lebensgefahr, geriet.

Das siebte, das neunte und zehnte Gebot:

»Du sollst nicht stehlen.«

Und:

»Du sollst nicht an dich nehmen das Haus deines Nächsten, noch seine Frau, noch seinen Knecht, noch seine Magd, noch seinen Ochsen, noch seinen Esel, noch irgend etwas, das dein Nächster hat.«

»Nicht stehlen«: Man hat schon gesagt, hier sei im Grunde nur der Menschenraub gemeint, das »Stehlen« eines freien Mannes. So heißt es in 2. Mose 21,16, also kurz hinter den Zehn Geboten: »Wer einen Mann stiehlt, soll getötet werden.« Das wäre dann ein Gebot aus der Zeit, in der es Sklaven in Israel gab und ein Sklavenrecht. Die Preise, die man für den Verkauf eines geraubten freien Mannes in die Sklaverei erzielen konnte, waren beträchtlich. Und wie leicht es war, Käufer zu finden, zeigt die Josephsgeschichte. Vielleicht war dies gemeint? Vielleicht auch nicht. Lassen wir es auf sich beruhen.

»Nicht an dich nehmen«: Gemeint ist im neunten und zehnten Gebot nicht eigentlich das »Begehren«, also Neid oder Mißgunst oder andere Herzensregungen, sondern sehr konkret der Zugriff, die Tat des Ansichnehmens. Das Wort »an dich nehmen«, das Luther mit »gelüsten« übersetzt, erscheint wieder in Exodus 34, 24: »Niemand soll sich dein Land aneignen, während du hinaufziehst, um vor deinem Gott zu erscheinen.« Also während man auf einer Pilgerreise ist. Das konnte so geschehen, daß einer Geld auslieh und während der Abwesenheit des Schuldners dessen Land pfändete. Gemeint ist ein Sichbemächtigen dessen, was der andere hat, auf legale oder illegale Weise. Es ist auch gemeint der Raub einer Frau oder eines

Knechts. Beim »Haus« fällt mir auch das Zelt des Nomaden ein. Bis zum heutigen Tag hängen die Kleinviehnomaden in der arabischen Wüste im Frühjahr ihre Zelte mit allem Zubehör an einen Baum, und sie sind darauf angewiesen, daß sie bei Beginn der Regenzeit ihr Zelt dort wiederfinden. Wer ein Zelt stiehlt, ist unter Umständen daran schuldig, daß eine Familie den Winter nicht überlebt. Nie würde ein Nomade etwas nehmen, das an einem Baum hängt. Dafür kann man heute die Touristen sehen, die sich ihren Streifen Stoff als Souvenir abreißen. Mir ging dort auf, daß die Zehn Gebote im Grunde dorthin gehören, wo sie ihren Ursprung haben: in die nomadische Anfangszeit Israels und in die Zeit seiner bäuerlichen Seßhaftigkeit, in die Israel nicht nur sein nomadisches Recht, sondern auch seine charakteristisch nomadische Religion übertrug.

Denn das Eigentum spielt bei uns heute eine gänzlich andere Rolle als damals. Es ist heute eine ungeheure wirtschaftliche und politische Macht. Es dient der Selbstdurchsetzung ganzer Gruppen und Schichten und Staaten. Ich vermute, daß an dieser Stelle, wo es um das

Eigentum an Geld, an Produktionsmitteln, an Grund und Boden sowie an Verbindungslinien zwischen Völkern und Kontinenten geht, heute sehr neue Gedanken gedacht werden müssen, wenn die Menschheit nicht an der ungerechten Verteilung des Eigentums und der Mittel zum Überleben zugrunde gehen soll.

Was meinen also die Zehn Gebote?

Die Zehn Gebote meinen nicht eine zeitlose Ethik oder allgemein verbindliche Sittlichkeit.

Sie sind nicht auf Universalität angelegt, auf Vollständigkeit oder allgemeine Gültigkeit.

Zudem reden sie in der Fassung, die uns vorliegt, nur die Männer an, und zwar die freien, die grundbesitzenden und rechtsfähigen. Sie schützen deren Leben, Freiheit und Eigentum. Frauen oder Sklaven waren nicht mitgemeint. Und an dieser Stelle wird das Ganze nun sehr schwierig. Es wird fast unmöglich, aus ihnen eine ethische Unterweisung für heutige Kinder zu machen, wie es in unseren Katechismen geschieht.

Ich habe den dringenden Verdacht, daß die hohe Wertschätzung, die die Zehn Gebote in zweitausend Jahren Kirchengeschichte genossen, mit ihrer Zweckbestimmung zusammenhängt. Sie eigneten sich hervorragend für jede herrschende Schicht zur Sicherung ihres Einflusses, ihrer Macht und ihres Besitzes, auch für die Kirche. In dieser Sache waren sich denn auch Staat und Kirche in zweitausend Jahren von jeher bemerkenswert einig. Denn so sicher ist mir nicht, daß die Zehn Gebote den Willen Gottes, wie er im Alten Testament dargestellt ist, wirklich repräsentieren. Es gibt eine Menge ethische Regeln, die hier, in den Zehn Geboten, fehlen. Über das Verhältnis eines Menschen zu seinem Staat sagen sie so wenig wie über die Rechte und Pflichten des Menschen in der Wirtschaft, über Steuern und Abgaben oder über soziale Fragen, über den Umgang mit Menschen minderen Rechts, Asylanten, Flüchtlingen, oder mit Randgruppen und Andersdenkenden, mit Armen, mit Witwen und Waisen, die damals oft am Rande des Verhungerns lebten, oder sonstigen Sozialfällen. Und vor allem: Ethische Weisungen ergingen nicht nur als Gebote, die Priester aussprachen, sondern auch als Rat, den lebenskundige Weise gaben.

Im Grunde kann man die Zehn Gebote aus dem Gesamtzusammenhang der Lebensordnungen, die wir die Tora nennen, nicht herausnehmen und sie isoliert als Willen Gottes deklarieren.

Ferner sind die Zehn Gebote in dem Wortlaut, den wir haben, eine Zwischenform zwischen dem Urwortlaut, den wir nur vermuten können, und den Spätformen, zu denen sie die spätere Gesetzgebung ergänzt. Sie sind eine Momentaufnahme in einer fließenden Bewegung, die sich durch mehr als tausend Jahre hindehnt. Warum sollen gerade sie es sein, die wir zur Norm erheben? Und auch nach dem Abschluß des Alten Testaments ist ihre Entwicklung bei den Juden keineswegs abgeschlossen. Sie geht im Grunde weiter bis zum heutigen Tag.

Von hier aus gewinnt auch die Prophetie der Königszeit eine neue Bedeutung. Man kann in den sozialethischen Reden des Amos oder des Micha eine Gegenrede gegen den Mißbrauch der Zehn Gebote und ihre schichtspezifische Absicht erkennen. Denn die Propheten jener Zeit reden ja überdeutlich von dem, wovon die Zehn Gebote nicht sprechen. Von ihnen wird das Recht der Witwen und Waisen und gerade nicht das der Besitzenden eingeklagt. Bei ihnen geht es nicht um den Schutz des Eigentums, sondern um seine Sozialpflichtigkeit.

Amos sagt:

»Sie (die reichen und frommen Männer)
verkaufen den Unschuldigen für Geld
und den Armen für ein paar Schuhe.
Sie treten den Kopf der Armen in den Staub
und drängen den Elenden vom Weg ab.
Bei allen Altären schlemmen sie
auf den gepfändeten Kleidern
und trinken Wein vom Geld der Verurteilten
im Haus ihres Gottes.«

Amos 2

Der von den Propheten des 8. und 7. Jahrhunderts vor Christus geforderte Schutz der Unterprivilegierten, der Sklaven, der Witwen und Waisen wird erst ungefähr im 6. Jahrhundert gesetzlich formuliert, und das Recht und die Freiheit für jedermann noch später. Das, was wir Menschenrechte nennen, folgt frühestens im 4. Jahrhundert, wo ein Prophet sagt:

»Laß los,
die du mit Unrecht gebunden hast.
Gib frei, die du bedrückst,
nimm jedem sein Joch ab.
Brich dem Hungrigen dein Brot,

die ohne Obdach sind, führe in dein Haus,
und wenn du einen nackt siehst,
so kleide ihn.«
Jesaja 58,6–7

Was also tun mit den Zehn Geboten? Ich denke, es gibt im Grunde keine andere Möglichkeit als die, sie zu achten und gelten zu lassen als ein Zeugnis jener Zeit und jenes sozialgeschichtlichen Zusammenhangs, in dem sie ihre Geltung hatten. Sie sind für diese frühe Zeit noch lange ein wichtiges Dokument menschlicher Lebensordnung, aber für den Katechismusunterricht der Kirche reichen sie wohl nicht aus.

Wir können den geschichtlichen Abstand und auch die ethische Ferne nicht einfach dadurch aufheben, daß wir in diese Zehn Gebote all das hineinlegen, was wir aus dem Evangelium wissen, oder eine christliche Ethik aus ihnen ableiten, die sie nie und nimmer gemeint haben. Es wird dabei nur alles falsch, sowohl die Auslegung als auch die resultierende Ethik.
Und es mag uns seltsam berühren, daß in den Ethikunterricht der Kirche nie eine Folge von

Geboten und Weisungen Jesu, die man doch auch hätte zusammenstellen können, Eingang gefunden hat. An Jesus aber messen wir, was aus dem Alten Testament für uns Geltung haben kann.

Das hat schon Luther erstaunlich genau gesehen, als er sagte, die Zehn Gebote seien der »Sachsenspiegel der Juden«. Der Sachsenspiegel war ja das im 13. Jahrhundert abgefaßte niederdeutsche Landrecht, das später an vielen Stellen in Deutschland maßgebend wurde, das aber schon zu Luthers Zeiten praktisch überholt war. Luther wollte sagen, die Zehn Gebote hätten ihren Sinn gehabt im alten Israel, in jenem Land und in jener Zeit, aber sie gingen die Christen im Grunde nichts an. Und er sagte auch, eigentlich müsse jeder Christ in der Lage sein, andere Zehn Gebote an ihre Stelle zu setzen. Wohl gemerkt, das sagt nicht irgendein böser moderner Theologe, das sagte Martin Luther.

Er sagte auch einmal, die Zehn Gebote gehörten aufs Rathaus und nicht auf die Kanzel. Das heißt: Man könne mit ihnen das weltliche Leben in einer Gesellschaft ordnen, aber

sie seien nicht der Weg, den Christen zu gehen hätten.
Leider hat den Reformator in dieser Sache alsbald der Mut verlassen. Er hätte wie kein anderer sagen können, was denn nun der besondere Weg der Christen sei, aber er schrieb seine Erklärungen zum Katechismus in einer Zeit, in der das bürgerliche Leben im Chaos versunken war, kurz nach dem Bauernkrieg, und mußte den Menschen erst einmal wieder das Einfachste, die Zehn Gebote, nahebringen. Und so hat er praktisch aus dieser Situation heraus seiner Kirche die Zehn Gebote des Alten Testaments als Mittel des Unterrichts an den Kindern weiterempfohlen. Vielleicht sollten wir aber heute, fast fünfhundert Jahre später, endlich fähig sein, wie Luther gefordert hat, »andere Zehn Gebote« zu schreiben oder besser: die Zehn Gebote anders zu schreiben, und also auf unsere Weise sagen, was für Christen zu gelten hat, so schwierig das sein mag angesichts der Tatsache, daß die Maßstäbe für ein gemeinsames Leben bei uns erst recht im Chaos versinken.

Jesus, siebenhundert Jahre später

Aber kehren wir noch einmal zu dem Bild zurück, von dem ich ausgegangen war: dem Bild von den sechs oder acht Jungen und ihrem Lehrer unter dem Baum an der Lehmhütte. Siebenhundert Jahre später wiederholte es sich auf ganz andere Weise. Da ging ein Mann namens Jesus auf einen Berg und setzte sich dort, wohl auf einen der großen weißen Kalksteine, die auf den Bergen am See Genezaret verstreut liegen. Ein Dutzend Männer ging mit ihm und ein paar Frauen, und sie setzten sich, teils im Gras, teils auf Steine. Und Jesus fing an zu reden.
Und er gab seine Weisungen. Er sagte, was die tun könnten und wie sie leben und sich selbst verstehen dürften, die vor ihm saßen. Er knüpfte an die alten Zehn Gebote an und erinnerte sie:
Ihr habt gehört, was zu euren Vorfahren gesagt ist, ihr habt es gelernt. Ihr habt es zum Teil auch selbst euren Kindern weitergegeben. Ich aber sage euch dazu, was sich an diesen Geboten ändern muß, wenn es denn um das Gottesreich gehen soll.
Er geht also über die alte Tradition hinaus. Er schafft die Zehn Gebote nicht ab, aber er gibt ihnen einen neuen Sinn.

Man könnte diesen Schritt über die Tradition hinaus etwa so darstellen:
Ihr habt gehört, daß zu euren Vorfahren gesagt worden ist: Es ist ein Gott, dem ihr gehorchen sollt. Der hat die großen Ordnungen des Daseins gestiftet. Fügt euch in diese Ordnungen. Ich aber sage euch: Nicht einfügen sollt ihr euch, sondern – ganz im Gegenteil – heraustreten sollt ihr aus dem, was bisher gegolten hat.

Die Grundrichtung der alten Ordnung lautete so: Hier sind Gebote, Lebensgesetze, von Gott gegeben. Der Gottesdienst, der Feiertag, die Familie, die Ehe, das Recht, die Eigentumsverhältnisse. Fügt euch in diese Ordnungen ein, dann ist alles »in Ordnung«. Jesus setzt dem entgegen: Unterscheidet euch von dem, was um euch her gilt. Nehmt nicht die Vergangenheit auf, sondern nehmt die Zukunft vorweg. Nehmt vorweg, was in der Zukunft, im Reich Gottes, gelten wird. Ich mache euch Angebote, wie ihr als freie Menschen leben könnt.
Nun steht ja außer Frage, daß, was im Alten Testament für uns Geltung haben will, sich am Geist Jesu messen lassen muß. Gültig am

Alten Testament ist, sagt Luther, »was Christum treibet«. Was auf ihn hin gesagt ist. Was ihm entspricht. Alles andere mag wertvoll sein, vielleicht auch schön und kostbar, es kann aber nicht maßgebend sein. Wie ist es also mit den Zehn Geboten? »Treiben« sie Christus? Ich gehe wieder ihre Reihe entlang. Und wir werden bemerken, daß die Differenzen zwischen ihnen und den Weisungen Jesu in den ersten Geboten verhältnismäßig gering sind, daß sie aber mit jedem weiteren Gebot breiter werden und wir am Ende zu Angeboten gelangen, von denen in den Zehn Geboten nichts gesagt ist.

Jesus sagte etwa so:
Ihr kennt die Zehn Gebote, die an eure Väter ergangen sind. Sie galten damals als eine ordnende soziale Institution. Sie waren gültig im Rahmen der übrigen Ordnungen in unserem Volk. Ich sage aber etwas anderes. Ich sage: Nicht die Institution, die mit allerlei Strafandrohung über ihre Geltung wacht, kann ihren Sinn bewahren. Den will ich euch zeigen. Denn ihr selbst seid es, die für ihre Geltung einstehen sollen. Ihr persönlich verantwortet, ob ihr eigentlicher Sinn sich zeigt. Darum

sollt ihr nicht einem Gesetz gehorchen, nicht einem Buchstaben, sondern als selbständige Menschen im persönlichen Wagnis und in der Phantasie, die euch die Liebe eingibt, ihren Sinn erfüllen. Und zwar an der Stelle, an der ihr steht, und in der Zeit, in der ihr lebt. Ihr gemeinsam.

Aber was hat Jesus zu den einzelnen Geboten gesagt? Wenn wir versuchen, die Reden Jesu daraufhin abzuhorchen, was er an konkreten Weisungen gibt, dann haben wir natürlich viele Möglichkeiten, Gebote seiner Nachfolge zu formulieren. Was ich hier anbiete, ist einfach einmal ein Versuch, der völlig offen ist, schon deshalb, weil das noch nicht versucht wurde und weil wir uns erst einmal miteinander an die Arbeit machen müssen, zu fragen, wie wir – nach Luther – andere, christusgemäße, evangeliumsgemäße zehn Gebote aufschreiben könnten. Ich verstehe meinen Versuch einfach einmal als einen Vorschlag, dem danach viele andere und neue Ideen hinzugefügt werden sollten. Denn wenn wir heute Regeln und Ordnungen finden wollen, die auch für uns in unserem Zeitalter der grenzenlosen Beliebigkeit noch gelten können und die wir guten Gewissens auch in einen Katechismus für unsere Kinder hineinschreiben könnten, dann kann das niemals nur durch einen einzelnen geschehen, sondern immer im Zusammenhang einer Gemeinschaft, in der viele ihre Ideen einbringen. Diese kleine Schrift ist nur ein erster Beitrag.

Die zehn Angebote, die wir von Jesus bekommen

Zunächst gibt Jesus seinen An-Geboten sozusagen eine Überschrift. Er sagt:

Geh davon aus, daß Gott dir väterlich zugetan ist. Du kommst aus seiner Hand, du lebst dein Leben von dem, was er dir gibt, von dem Glück und Gelingen, das er dir zugedacht hat. Und er wird dich am Ende in sein Reich aufnehmen.
So lebe aus der Liebe, wie alles, was neben dir lebt, aus seiner Liebe lebt. Wende dich also Gott zu in Liebe und Dankbarkeit, aus ganzem Herzen, ganzer Seele und mit allen Kräften. Das ist das erste und vornehmste Gebot. Das andere aber ist ihm gleich: Liebe deinen Nächsten wie dich selbst.

Diese Worte sind nicht neu. Sie sind schon im Alten Testament so formuliert. Sie könnten nach Jesus also lauten:

Gott liebt dich.
Nimm seine Liebe an und gib sie weiter.

Nun beginnen wir mit dem ersten Gebot: »Ich bin dein Gott. Du sollst andere Götter neben mir nicht verehren.«

Hier ist die erste Veränderung spürbar. Denn Jesus spricht nicht von anderen Göttern – das ist für ihn gar kein Thema –, er spricht aber von den Göttern, die wir Menschen uns schaffen und die wir verehren. So spricht er einmal von den großen Autoritäten, die auf dieser Erde die Herrschaft über die Menschen, über ihre Köpfe und Herzen, beanspruchen. Er sagt:
»Es ist nur ein Gott. Der ist die einzige Autorität, die für dich gilt. Darum nenne niemand auf dieser Erde eine Autorität, der du dich beugst. Nenne niemand einen ›Vater‹, das heißt einen, der für dich und dein Leben maßgebend ist und deinen Gehorsam beanspruchen kann. Gott allein ist dein Vater. Darum stelle dich aufrecht aller angemaßten menschlichen Autorität entgegen. Die Menschen sind deine Geschwister, und einer ist euer Meister. Aber einen Vater kann es für euch auf dieser Erde nicht geben« (Mattäus 23, 8–10).
Darin liegt etwas Aufsässiges, wenn nicht Anarchisches. Und darum wird bis zum heutigen Tag überall da, wo man auf Autoritäten Wert legt, auch in der Kirche, dieses Gebot wie selbstverständlich mißachtet. Man spricht von einem Ordenspriester und nennt ihn

einen Pater. Oder vom Papst und nennt ihn Papa.

Ich erinnere mich des ungeheuren Skandals, der zwischen den evangelischen und den katholischen Kirchenleitungen ausbrach, als ich beim Besuch des Papstes in Deutschland 1978 im »Wort zum Sonntag« sagte, der Papst sei uns als Bruder willkommen, aber er sei für uns kein Vater, denn das habe Jesus ausdrücklich ausgeschlossen. Es gab einen Sturm durch die katholischen und die evangelischen Kirchenleitungen und einen Sturm unter den Zuhörern.
Und es war wieder einmal klar, wie groß doch auch heute noch das Bedürfnis ist, jemand zu haben, dem man sich fügen kann, eine Vaterfigur, die das repräsentiert, was gilt und bleibt.
Auch deshalb eignet sich die landläufige christliche Erziehung noch immer eher dafür, daß ein Mensch Weisungen von oben wünscht und daß er ihnen gehorcht, als für offene, lebendige Gemeinschaften.

Man könnte also die erste Weisung im Sinne Jesu so ergänzen:

**Gott ist der Eine.
Setze keinen Menschen an
seine Stelle.**

Das zweite Gebot, vom Namen: Der Name Gottes, das ist Gott selbst. Wenn du also wissen willst, wer du bist und wer du sein kannst, dann nimm nichts Geringeres zum Maß als Gott selbst. Jesus sagt:
»Ihr sollt vollkommen sein, wie euer Vater im Himmel vollkommen ist« (Mattäus 5,48).
Was er damit meint, erkennen wir an den Versen davor. Dort sagt er:
Du sollst dich nicht spalten in eine Hälfte, die Gott dient, und eine andere Hälfte, die dem Mammon dient. Denn Gott ist ganz, was er ist. Darum sei auch du ungeteilt in dem, was du tust, in dem, was du liebst, in dem, was du glaubst. Gott läßt seine Sonne scheinen über die Bösen und über die Guten. Darum teile du die Welt nicht.

Was im Namen Gottes getan wird, verweist auf sein kommendes Reich. Geh dem nach.

Gott hat seinen Namen mit der Zukunft verbunden, darum geh geradeaus. Er hat seinen Namen mit der Gerechtigkeit verbunden, wolle also Gerechtigkeit. Er hat ihn mit dem Niedrigen verbunden, also verbinde dich mit dem Niedrigen. Das zweite Angebot könnte also bei Jesus so lauten:

Gott ist umfassende Weite.
Also teile dich nicht.

Das dritte, vom Feiertag: Was hat Jesus am Sabbat verändert? Er hat ihn nicht abgeschafft. Aber er hat ihm in der Liste der Prioritäten einen anderen Platz gegeben, nämlich den Platz hinter der Barmherzigkeit. Der Sabbat hat keine eigene Würde, er ist um des Menschen willen gemacht. Und Jesus hat nicht beschrieben, was am Feiertag geschehen darf und was nicht, aber er hat über das geistliche Leben geredet, das unabhängig vom Feiertag gelebt werden soll. Er sagt: Der Gott, den ich dir zeige, hört. Er sieht. Er spricht. Darum gib ihm Raum in dir selbst, indem du hörst und antwortest. Geh in die verschlossene Kammer, wenn du mit Gott redest. Ein Kult ist nicht notwendig.

Eine apokryphe Notiz gibt eine Andeutung von dem, was Jesus über den Sabbat dachte. Er traf eines Tages am Sabbat einen Mann, der arbeitete. Da sagte er ihm:
»Mensch, wenn du weißt, was du tust, so bist du selig. Weißt du es aber nicht, so bist du verflucht und ein Übertreter des Gesetzes.«
(Diese Notiz bringt eine der alten Handschriften des Lukasevangeliums im Anschluß an Lukas 6,5.)

Das heißt etwa folgendes: Im Reich Gottes, das ich verkündige und das kommen wird, gibt es keinen Sabbat. Da ist der Mensch frei von allen Vorschriften über Arbeit oder Ruhe. Wenn du am Sabbat arbeitest, weil du weißt, daß der Sabbat in Kürze aufgehoben werden wird, dann bist du selig, dann lebst du heute schon im Reich Gottes. Weißt du es aber nicht und arbeitest, weil du dir einfach aus dem Sabbatgebot nichts machst, dann mißachtest du eine Weisung Gottes.

Das Wort »Sabbat« heißt »aufhören«. Es ist also nicht die Rede von irgendeiner gottesdienstlichen Feier oder von einem Kult, der am Sabbat zu begehen wäre, sondern nur vom »Aufhören der Arbeit«. Wenn ich an dem Wort »aufhören« weiterdenke, dann fällt mir auf, daß der Fluch, der heute über der Menschheit liegt, unter anderem darin besteht, daß wir mit nichts aufhören können. Es muß alles wachsen, immer größer werden, kolossaler, und wehe, wenn dieses ständige Wachstum aufhört. Könnte das Sabbatgebot nicht unter anderem heißen: Ihr Menschen! Alles geht bei euch immer weiter, die Wirtschaft, die Forschung, der Wohlstand, die Entwicklung der Waffen, die Erfindung von Giften, an denen eure Mitwelt zugrunde geht. Aber eure Erde ist endlich. Man kann nicht immer mehr aus der Erde herausholen wollen, wenn man die Erde nicht zerstören will. Wie wäre es, wenn ihr einmal an diesem oder jenem Punkt probiertet, wie es wäre, wenn man mit etwas aufhörte? Ob es nicht – auch wenn es allerlei Nachteile brächte – auf die Dauer von Segen wäre? Der siebte Tag der Woche ist einer der genialsten Gedanken der Weltgeschichte. Er ist einer der Hinweise, wie ein Mensch leben muß, wenn er im Sinne seines Schöpfers ein Mensch sein will. Es ist, bedenken wir es genau, ein unerhört aktuelles Gebot.

Jesus sagt: Der Gott, den ich dir zeige, ist dir nahe. Gib ihm Raum in dir selbst. Das dritte Angebot könnte bei Jesus also lauten:

**Gott ist dir nahe.
Also höre ihn und gib deine Antwort.**

Das vierte, das vom Ehren der Eltern: Wie hat Jesus gedacht über die Beziehung zwischen Eltern und Kindern? Einmal standen vor dem Haus, in dem er redete, seine Mutter und seine Brüder. Als man ihm sagte: »Draußen sind deine Mutter und deine Brüder«, da verwies er auf seine Zuhörer: »Meine Familie? Seht her! Das ist meine Mutter und meine Geschwister! Wer tut, was Gott will, gehört zu meiner Familie« (Mattäus 12, 46–50; Markus 3, 31–35; Lukas 8, 19–21).

»Verlaß deinen Vater und deine Mutter!« sagt Jesus zu dem jungen Mann. Laß die Toten Trauerzeiten für ihre Toten einhalten! Offenbar spielte für Jesus die Linie der Zugehörigkeit, die Linie, die von den Großeltern zu den Eltern, von Kindern zu Enkeln verläuft, eine bemerkenswert sekundäre, vielleicht gar kaum noch relevante Rolle.

Wichtiger, sagt Jesus, als deine Herkunft ist die Gemeinschaft, die sich um der Zukunft willen um dich her bilden soll. Natürlich kann auch mit den Eltern zusammen eine solche Gemeinschaft entstehen, aber das wird dann nicht eine Gemeinschaft zwischen Eltern und Kindern sein, sondern eine solche zwischen Schwestern und Brüdern. Und diese Weggemeinschaft wird ihre Richtung auf das Reich Gottes hin nehmen.

Das vierte Gebot hat neben segensreichen Wirkungen auch Schaden in unermeßlichem Maß angerichtet. Es war ursprünglich ein Gebot an die Chefs der Familie, die Väter aus der mittleren Generation, die Alten nicht zu vernachlässigen. Daraus hat man ein Gebot an die Kinder gemacht, sie sollten der Autorität, die in ihrer Familie gilt, gehorsam sein.
»Wir sollen Gott fürchten und lieben, daß wir unsere Eltern und Herren(!) nicht verachten noch erzürnen, sondern sie in Ehren halten, ihnen dienen, gehorchen, sie lieb und wert halten«, sagt Luther in seiner Erklärung zum vierten Gebot.

Was ist dieses Gebot nicht mißbraucht worden, um Eltern die Glorie ihrer Autorität zu verleihen, die im Kern die Autorität Gottes sein sollte! Was ist nicht alles an ungerechter, gewalttätiger Tyrannei von Vätern oder Müttern mit dem Heiligenschein der Stellvertretung Gottes umgeben worden!

Gleichwohl hat Jesus das vierte Gebot auch in seinem ursprünglichen Sinn nicht außer Kraft gesetzt. Markus 7,6–13 geißelt er die Unsitte, daß es Menschen gebe, die ihre Pflicht, für ihre alten Eltern zu sorgen, dadurch umgehen, daß sie, was den Eltern zustünde, dem Tempel spendeten und daß diese Verletzung des alten Gebots von der religiösen Obrigkeit gutgeheißen werde.

Insgesamt wird das für uns heute immer wichtiger. Heute, da die Alten die große Last für die Jungen zu werden drohen dadurch, daß es immer mehr Alte gibt und immer weniger Junge für sie sorgen müssen. Wenn man nicht eines Tages an der Versorgung der Alten verzweifeln will, wird man sich gut überlegen müssen, wie man das wachsende Problem zwischen den Generationen lösen will.

Wenn also Jesus der Gemeinschaft ihm verbundener Menschen Priorität einräumt gegenüber den Gehorsamsstrukturen einer Familie, kann sein Angebot an dieser Stelle so formuliert werden:

Du lebst nicht allein.
Es gibt eine Gemeinschaft,
die dich trägt.
Wirke mit ihr zusammen
für alle Menschen.

Das fünfte, vom Töten: Daß man einen Menschen nicht totschlagen soll – sei es auf welche legale oder illegale Weise immer – davon können wir bei Jesus ausgehen. Wir sollen unsere Feinde nicht totschlagen, sondern lieben. Wir sollen, was die Hinrichtung von Menschen betrifft, überlegen, ob es nicht andere Wege gibt. Etwa den, den Jesus der armen Ehebrecherin von Johannes 8 geebnet hat statt ihrer von den Männern verordneten Hinrichtung. Wir sollen, wo es um Krieg und Kriegsdienst geht, überlegen, ob wir auf gewaltlose Weise nicht weiterkämen.

Aber Jesus geht weiter: Urteile nicht über andere Menschen. Zürne niemandem. In deinem Zorn beginnt der Totschlag. Verdamme keinen. Schaffe Gerechtigkeit, nicht »Recht«. Gott wirkt helfend und heilend. Ich tue es ihm nach. Darum tu du nun das Deine, Menschen zu helfen und zu trösten. Geh mit den Menschen so um, wie du mit ihnen umgehen wirst, wenn Gott in ihnen ist. Und zwar mit allen, die an deinem Weg liegen oder vor deiner Tür. Gott gibt das Leben. Also diene dem Leben der Menschen an Leib, Seele und Geist. Und im übrigen: Alles, was du an Tun und Verstehen von den Menschen erwartest, das tu für sie.

Dann lautet also ein fünftes Angebot so:

Gott gibt das Leben.
Darum hilf den Menschen und allen
Geschöpfen, daß sie leben können.

Das sechste, vom Schutz der Ehe: Wenn die Ehe ursprünglich ein Besitzverhältnis war zwischen einem Mann, der alle Rechte hatte, und einer Frau, die ihm in allen Dingen ausgeliefert und verpflichtet war, dann bringt

Jesus schon an dieser Stelle seine entscheidenden Korrekturen an. Ein Recht zur Scheidung auf Kosten der Frau gibt es nur »wegen der Härte eurer Herzen«, sagt er zu den Männern. Wenn eine Frau stirbt, wird sie in Gottes Reich frei sein auch von ihrem Mann. Denn das eigentlich ist ihre Bestimmung, ein freier Mensch zu sein. Eine bürgerliche und kirchlich eingesegnete Ehe ist, wenn sie gelingt und wenn beide viel dazu beitragen, etwas Schönes und unendlich Wertvolles. Aber sie ist so wenig wie die Familie die einzige Form, in der Menschen miteinander leben können.

Was gilt denn für alleinlebende Frauen oder Männer? Was gilt für Freunde und Freundinnen, die eine Ehe nicht brechen können, weil sie keine eingegangen sind? Wenn sie »ein Leib« sein wollen und mit oder ohne Standesamt und mit oder ohne kirchliche Trauung auf die Dauer zusammenbleiben wollen, dann ist ihre Verbindung eine Ehe, und sie will durchgehalten sein. Wir stehen also zu dem Menschen, den wir lieben. Wir geben ihm festen Grund unter die Füße und verzagen nicht vor den Schwierigkeiten, die ein Leben mit einem anderen Menschen zusammen immer mit sich bringen kann.

Und noch eins: Wer liebt, kennt keine Über- oder Unterordnung. Jesus hat in seinen Jüngerkreis Frauen und Männer berufen. Die Unterdrückung der Frau innerhalb und außerhalb der Ehe in der christlichen Geschichte ist ein Skandal, den zu beenden höchste Zeit ist. Der geschwisterliche Umgang zwischen Mann und Frau ist, wenn auch mit zweitausend Jahren Verspätung, ein Gebot Jesu für unsere Zeit.

Man könnte also ein sechstes Angebot Jesu zum Gelingen unseres Lebens so fassen:

Wenn dir Gott einen Menschen gibt, den du lieben kannst, dann geh ehrfürchtig mit ihm um. Sei verläßlich. Hilf ihm, der freie Mensch zu werden, den Gott gemeint hat.

Das siebte, vom Schutz des Eigentums: Wenn Jesus das Maß abgibt, was gilt und was nicht gilt, welche Rolle spielt das Eigentum für ihn? Ich horche auf seine Stimme – und höre gar nichts. Sendepause. Keinen Ton sagt Jesus über den Schutz des Eigentums oder über die Wahrung von Besitzständen. Als einer von ihm verlangt, er solle ihm zu seinem Erbe verhelfen, läßt Jesus ihn abfahren: Nimm dir doch einen Rechtsanwalt! Das Eigentum gehört für Jesus ganz offensichtlich zu den drittrangigen Dingen. Wichtig an ihm ist lediglich, daß es immer zu denen kommt, die es am dringendsten brauchen. Für Jesus ist die Umverteilung des Eigentums wichtiger als seine Bewahrung. An deinem Eigentum, so verstehe ich ihn, ist nicht wichtig, daß es geschützt wird, wichtig ist, daß es sich bewegt. Denn es dient, wo es gut ist, der Würde des einzelnen und dem Wohl der Gemeinschaft.

Er sagt: Häufe keinen Reichtum auf in deinem Leben. »Wo dein Schatz ist, da wird dein Herz sein« (Mattäus 5, 19–21). »Du kannst nicht Gott und dem Geist des Geldes zugleich dienen« (Mattäus 5, 24). Und bedenke: Leichter bestiehlt ein Reicher den Armen, wenn er ihn ausbeutet, als ein Armer einen Reichen. Wenn du mir nachfolgen willst, dann wirst du die freiwillige Armut wählen. Willst du das in

dieser Form nicht tun, dann wähle dein Eigentum als Werkzeug deiner Güte. Ein wenig Gerechtigkeit schaffen, zu Tisch bitten, helfen, wo Not am Mann oder an der Frau ist, das ist der Sinn des Eigentums. Darum geh sorglos mit ihm um.
Weitergeben und umverteilen, weltweit, ist schon heute eine der Hauptaufgaben der Menschheit und wird es im 21. Jahrhundert noch mehr sein. Ein Wirtschaftssystem, das dies verhindert, kann sich nicht auf das Christentum berufen. Ich weiß zwar, daß nichts sich bewegt, wenn ich das sage, und daß die Wirtschaft längst ihre eigenen »Gesetze« hat, für die ein christlicher Anschein nicht gebraucht wird. Dennoch: Jesus sagt: Du wirst nicht ärmer, wenn du an der Umverteilung der Güter dieser Erde mitwirkst.

In der Tatsache aber, daß in den alten Geboten vier vom Schutz des Eigentums handeln, spiegelt sich die völlig überproportionierte Wichtigkeit, die das Eigentumsdelikt in unserem Strafrecht hat. Ein Mensch kann ein Leben lang seine Mitarbeiter schikanieren. Er kann mit dem Gift aus seinem Schlot Tausende von Menschen krank machen. Er kann sei-

ne Frau ein Leben lang mißhandeln und mißbrauchen. Das macht ihn nicht kriminell. Kriminell wird er aber sofort, wenn er hundert Mark aus der Kasse nimmt. Das Eigentum rangiert bei uns ungleich höher als die Würde und Unverletzlichkeit des Menschen, wie überall, wo Gesetze dazu dienen, die Verhältnisse so zu sichern, wie sie sind. Wer hat, darf behalten.
Und ich habe den Eindruck, wenn wir nicht völlig andere Normen für den Umgang mit dem Eigentum finden, können wir das ganze restliche Christentum in unserem Land verschenken.

Ein siebtes Angebot kann also lauten:

Gott ist der Gebende.
Darum halte nicht fest.

Wir hatten also drei Gebote über unsere Beziehung zu Gott selbst. Und wir hatten vier Gebote über unseren Umgang mit den Menschen. Nun könnten – wenn wir die alte Zahl Zehn bewahren wollen – noch drei folgen, die völlig anders aussehen als die bisherigen, insofern, als sie an nichts anschließen, was die alten Gebote sagten. Das hängt damit zusammen, daß Jesus eine Reihe von Anweisungen und Zusagen gibt, die von der Zukunft handeln und nicht vom gegenwärtigen Streitfall. Wir könnten also, um den Anweisungen Jesu gerecht zu werden, noch drei Gebote anfügen, die von der Bestimmtheit unseres Tuns durch die Zukunft, durch das Gottesreich handeln. Und da könnten die entscheidenden Unterschiede gegenüber den alten Geboten zum Vorschein kommen.

Das achte Gebot, vom Eid-Leisten oder vom Sagen der Wahrheit, hat Jesus praktisch aufgehoben damit, daß er sagte: »Du sollst überhaupt keinen Eid leisten. Du sollst ein Ja sagen, das ein Ja ist, und ein Nein, das ein Nein ist. Alles Weitere ist vom Bösen« (Mattäus 5,34–37). Das heißt, wenn du schwörst, stabilisierst und bestätigst du im Grunde das ganze System der Lüge, das unser Menschenleben von einem Ende bis zum anderen durchzieht.

Diese Anweisung Jesu, die zu den klarsten gehört, die wir von ihm haben, hat die Christen in zweitausend Jahren kaum je gehindert, jede Menge Eide zu schwören. Treueide gegenüber Fürsten. Amtseide gegenüber den Parlamenten. Gelübde auf Führer und Potentaten. Beamteneide oder Fahneneide. Und wozu braucht man vor Gericht bis zum heutigen Tag einen Zeugeneid? Dessen magische Wirkung bindet einen modernen, aufgeklärten Menschen zumindest nicht stärker als die schlichte Drohung: Wenn du lügst, bist du im Knast! Er gehört zu den Ersatzdrogen, mit denen auch moderne Staaten sich selbst und die Heiligkeit ihrer Gerichtsbarkeit feiern.

Und wie steht es beim Schwören, etwa »bei Gott«? Man mißt heute die Christlichkeit eines Ministers daran, ob er hinzufügt: »So wahr mir Gott helfe«.
Aber diese Selbstverfluchungsformel: »Gott möge mir nicht mehr helfen, wenn ich meinen Eid nicht halte« hat weder in einem gott-

losen noch in einem christlichen Zusammenhang irgendeinen Sinn. Im Evangelium ist sie jedenfalls nicht unterzubringen. Ich würde bei einem Menschen, der diesen Zusatz spricht, eher vermuten, daß er vom Evangelium weniger weiß als einer, der ihn wegläßt. Es müßte gewiß mehr Christen geben, die vor Gericht erklären: Ich sage die Wahrheit, aber ich schwöre nicht. Diesen heidnischen Brauch, diese Selbstverfluchung mache ich nicht mit.

Ich selbst bin noch nie von einem Gericht unter Eid gestellt worden. Dieses Thema war in dieser Form für mich also ein Leben lang entbehrlich. Ob es für den, der seine Steuererklärung unterschreibt, gültig ist, ist manchem schon nicht mehr so sicher. Immerhin ist das Finanzamt kein »Nächster«. Es steht uns vielmehr ziemlich fern. Was wir statt dessen brauchen würden, wäre ein Gebot, das über das schwierige Gebiet des Sagens der Wahrheit und des Einstehens für die Wahrheit deutlichere Auskunft gäbe. Ein solches Gebot könnte heute wichtiger werden, als es je gewesen ist. Denn ich glaube nicht, daß das öffentliche Leben je so tief durchgefärbt war von allgegenwärtiger Lüge wie heute. Nie hatte die Lüge so schnelle Transportmöglichkeiten. Nie konnte sie so breit gestreut werden. Wir sollten also sagen können, was über den Eid vor Gericht hinaus über das Sagen der Wahrheit, das Einstehen für sie, gesagt werden muß.

Jesus sagt:
Ich bin geboren und in die Welt gekommen, um für die Wahrheit zu zeugen (Johannes 18,37).
Und er hat (Lukas 4, 18–21) diesen seinen Auftrag einmal so beschrieben:
Ich soll den Gefangenen Freiheit bringen. Ich soll Licht senden dorthin, wo es dunkel ist. Menschen entlasten, heilen, ihnen Mut machen, zu leben und zu glauben. Ich soll den Überanstrengten helfen, daß sie aufatmen können. Ich soll die Trauernden trösten. Ich soll ihnen die Augen öffnen, indem ich ihnen Weg und Ziel ihres Lebens zeige, indem ich ihnen den Vater im Himmel zeige, auf den sie zugehen. Indem ich sage: Du darfst dasein. Ich sehe dich. Ich liebe dich. Nun wachse und gedeihe und fürchte nichts. Wahrheit ist die Offenheit des Daseins auf Gott hin. Nun

steh ein für diese Wahrheit mit allen deinen freien Kräften. Für das Evangelium.

Was du also in der Kammer für dich selbst hörst, das sprich auf den Dächern öffentlich aus. Diene der Wahrheit. Sage sie. Zeige sie. Sage und verkörpere die Botschaft von der Entlastung, der Heilung, der Befreiung, der Hoffnung. Und nimm damit die Wahrheit vorweg, die sich eines Tages als der Gesamtrahmen deines Daseins im Reich Gottes erweisen wird.
Nimm es auf dich, daß du dafür nicht nur allerlei Nachteile, sondern vielleicht auch deine besondere Art des Leidens erfährst. Folge mir nach als einer, der für das Evangelium einsteht. Und sei auf diese Weise für die Menschen um dich her ein Christus.

Denn es gibt auch eine Barmherzigkeit, die den anderen Menschen vor einer schrecklichen Wahrheit bewahrt. Manche Wahrheit bleibt wahr dadurch, daß man sie nicht ausspricht. Spricht man sie aus, wird sie zur Unbarmherzigkeit. Zum Sagen der Wahrheit gehören also Liebe und Wahrhaftigkeit zugleich, wie wir Epheser 4,15 lesen: »Laßt uns in der Wahrheit leben in Liebe.«

Das achte Angebot also könnte lauten:

**Gottes Wahrheit will durch dich
zu den Menschen kommen.
Sei also für den anderen ein Christus,
zugleich wahr und barmherzig.**

Das neunte nach Jesus: Das hat mit dem früheren neunten nichts mehr zu tun. Das Maß, das für Jesus galt, wenn es um Glauben, Tun und Reden ging, war das Reich Gottes und seine Gerechtigkeit. Auf dieses Reich zuzugehen, unbekümmert und gradlinig, das war für ihn das erste und das letzte, das für die Seinen gilt. Damit aber setzt er völlig neue Maßstäbe, und zwar Maßstäbe, die mit einer normalen Ethik nichts mehr zu tun haben.

Er sagt: Tu Dinge, die so aussehen, als wolltest du alle Ordnung auflösen. Tu, was aussichtslos scheint. Tu das Irreguläre, das Unerhörte, das Verwegene. Du wirst dabei in Gefahr sein, als Außenseiter zu gelten, als weltfremder Träumer, als politischer oder religiöser Anarchist oder ganz einfach als Verrückter.
Aber damit wirst du tun, was die Zukunft for-

dert. Was Gott fordert, der dir in der Zukunft begegnen wird.
Denke also nicht vom gegenwärtigen Streit aus, sondern vom künftigen Frieden. Nicht vom gegenwärtigen Unrecht, sondern von der kommenden Gerechtigkeit. Nicht von der gegenwärtigen Gefahr, sondern von der künftigen Geborgenheit. Geh nicht davon aus, daß jeder lügt, sondern davon, daß der Wahrheit die Zukunft gehört.

Willst du ein Beispiel sehen? Wenn Gott der ist, der seine Sonne scheinen läßt über den Bösen und über den Guten, dann trenne nicht zwischen Freund und Feind. Dann gib deine Liebe allen ohne Ansehen der Person, auch denen, die anders denken oder glauben. Damit gehst du einen entscheidenden Schritt aus der Gegenwart in die Zukunft.

Gott wendet in dieser Welt keine Gewalt an gegen die Gewalttäter. Versuche dasselbe zu tun. Lebe ohne Waffe, ohne Gewaltmittel. Gewaltlosigkeit ist ein Vorgriff, ein verwegener und gefährlicher, auf das, was einmal kommen soll und was heute anfangen muß, will die Menschheit ihre uralten Phrasen vom gerechten Krieg überleben. Gewaltlosigkeit gründet nicht auf allgemeinem Optimismus oder auf der Annahme, es werde schon irgendwie gut ausgehen, sondern auf der Überzeugung, daß etwas Sinn und Zukunft haben kann unabhängig davon, wie es ausgeht. Der Zukunft dient darum, wer seinen Gegner gewinnt, nicht der, der ihn besiegt. Wer einen Schlüssel hat, der Türen öffnet, braucht nicht durch die Wand zu gehen. Und dabei darf feststehen, daß wir am Reich Gottes nur arbeiten können, indem wir an allen Bereichen des Menschenlebens arbeiten.

Denke also voraus, nimm die Zeichen der Zeit wahr und übernimm das Risiko, das auf dieser Erde mit solchen Versuchen verbunden ist. Es kann eine enge Tür sein, durch die du gehst, und ein schmaler Weg, der dann folgt, aber du darfst darauf vertrauen: Was dir eng scheint, ist eine Tür. Was dir schmal entgegenkommt, ist ein Weg. Man könnte also ein neuntes Angebot so fassen:

Gottes Reich kommt.
Handle so, daß es sich in deinem Tun
ankündigt.

Und nun noch das zehnte: Jesus sagt: Mach dir keine Sorgen. »Schau auf die Vögel und die Anemonen. Du erreichst mit deinen Sorgen sowieso nicht, daß dein Leben auf dieser Erde einen halben Meter länger wird.«
Das ist in der Tat das Wort, das den Höhepunkt darstellt. Es liegt in ihm etwas Befreites, etwas Heiteres und Überlegenes. Sage: Ich kann mit allen meinen Plänen und Absichten scheitern. Aber ich bin getragen. Ich kann schwach werden, alt und krank, aber ich brauche nicht auf eigenen Füßen zu stehen. Es kann mir alles genommen werden, aber nichts brauche ich krampfhaft festzuhalten. Ich bin bedroht, aber ich brauche mich nicht zu wehren. Es ist schwer, unendlich schwer, in dieser Welt das Richtige zu tun, aber Gott verläßt mich auch dann nicht, wenn mir meine Verantwortung zu schwer ist. Es ist ganz unmöglich, ein unschuldiges Herz zu bewahren, aber Gott mißt mich nicht an meiner Unschuld, sondern an meiner Liebe zu denen, die gleich mir schuldig sind. Denn alles ist Gnade.
Der Inbegriff der Weisungen Jesu scheint in dem Wort zu liegen: Meine Last ist leicht. Also geh deines Weges. Laß los, was dich fest-

hält. Vertraue dem Ende, daß es ein Anfang ist. Komm nach Hause und feiere das Fest.

Das zehnte Angebot könnte also lauten:

Gott weiß.
Darum vertraue und sorge nicht.

Ehe ich zum Schluß komme, möchte ich diese zehn Angebote nach Jesus noch einmal herzählen:

Zunächst eine Art Vorspruch, der dem ganzen seinen Sinn gibt:

**Gott liebt dich.
Nimm seine Liebe an und
gib sie weiter.**

Dann die drei, die von Gott reden:

1. Gott ist der Eine.
    Setze keinen Menschen an seine
    Stelle.

2. Gott ist umfassende Weite.
    Also teile dich nicht.

3. Gott ist dir nahe.
    Also höre ihn und gib deine Antwort.

Dann die vier, die vom Umgang mit anderen
Menschen sprechen:

4. Du lebst nicht allein.
    Es gibt eine Gemeinschaft, die dich
    trägt. Wirke mit ihr zusammen für alle
    Menschen.

5. Gott gibt das Leben.
    Darum hilf den Menschen und allen
    Geschöpfen, daß sie leben können.

6. Wenn dir Gott einen Menschen gibt,
    den du lieben kannst,
    dann geh ehrfürchtig mit ihm um.
    Sei zuverlässig.
    Hilf ihm, der freie Mensch zu werden, den Gott gemeint hat.

7. Gott ist der Gebende.
    Darum halte nicht fest.

Und zuletzt die drei, die von der Richtung auf das Gottesreich handeln:

8. Gottes Wahrheit will durch dich zu den Menschen kommen.
   Sei also für den anderen ein Christus, zugleich wahr und barmherzig.

9. Gottes Reich kommt.
   Handle so, daß es sich in deinem Tun ankündigt.

10. Gott weiß.
    Darum vertraue und sorge nicht.

Wir leben nicht in der Epoche, in der Jesus gelebt hat. Was gilt nun für die Zeit der Kirche? Was gilt für uns im Übergang zum 21. Jahrhundert? Und wer darf, was Jesus gesagt hat, so oder anders neu formulieren? Unstrittig dürfte sein, daß es nötig ist, solche Lebensordnungen fortzuschreiben oder für eine bestimmte Zeit aktuell zu halten. Und ebenso unstrittig ist, daß eine solche Fortschreibung, wenn sie für eine ganze Kirche verbindlich sein soll, ohne Leitung und Bestand des Geistes Gottes nicht möglich ist. Der Geist aber ist der Kirche für alle Zukunft und bis ans Ende der Zeit zugesagt. Der Geist ist eine Kraft Gottes, die in aller Regel nicht einen einzelnen bevollmächtigt, sondern eine Gemeinschaft von Christen. Er führt uns nicht anderswo hin als zu den alten Zehn Geboten und zu den Weisungen Jesu. Er deutet sie uns aber für unsere Zeit und Situation.

Die Christen der Zeit nach Jesus sagten: Der Geist, das ist Christus selbst in der Gestalt, in der er uns auf unserem weiteren Weg begleiten wird. Im Geist Gottes haben wir Christus selbst bei uns, so nahe und so verläßlich wie Gott selbst. Der macht uns endgültig frei von der bloßen Vergangenheit und ihrem Zwang und frei von unserer Angst vor der Zukunft. Er leitet uns in alle Wahrheit. Er führt uns durch diese Welt. Er führt uns nach Hause.

So bitte ich jeden, der das liest, mitzudenken, in dem Glauben, daß auch unserem Nachdenken heute ein Licht aufgehen und eine Wahrheit begegnen kann und daß wir miteinander zu erkennen vermögen, wohin unser Weg gehen soll.

Wir werden uns verbünden müssen mit allen den Menschen in den langen Jahrtausenden, die ihren Weg im tiefen inneren Einvernehmen mit dem Willen Gottes gegangen sind. Und werden uns auch eins wissen mit allen den Menschen rund um die Erde, die sich in der Dunkelheit und Armut ihres Lebens nach einem Zeichen der Liebe Gottes sehnen, und werden versuchen, solche Zeichen für sie zu sein.

2 3 4 5   99 98 97 96 95

© Kreuz Verlag GmbH, Stuttgart 1995
Postfach 80 06 69, 70506 Stuttgart, Tel.: 07 11 / 78 80 30
Umschlaggestaltung: Jürgen Reichert, Stuttgart
Autorenfoto: Georgios Anastadiades
Gesamtherstellung: W. Röck, 74189 Weinsberg

ISBN 3-7831-1396-2